Aia aonnaaba mwatan aontano

Te korokaraki iroun Christina Wither
Te korotaamnei iroun Kimberly Pacheco

Library For All Ltd.

E boutokaaki karaoan te boki aio i aan ana reitaki ae tamaaroa te Tautaeka ni Kiribati ma te Tautaeka n Aotiteeria rinanon te Bootaki n Reirei. E boboto te reitaki aio i aon katamaaroaan te reirei ibukiia ataein Kiribati ni kabane.

E boreetiaki te boki aio iroun te Library for All rinanon ana mwane ni buoka te Tautaeka n Aotiteeria.

Te Library for All bon te rabwata ae aki karekemwane mai Aotiteeria ao e boboto ana mwakuri i aon kataabangakan te ataibwai bwa e na kona n reke irouia aomata ni kabane. Noora libraryforall.org

Aia aonnaaba mwatan aontano

E moan boreetiaki 2022
E moan boreetiaki te katootoo aio n 2022

E boreetiaki iroun Library For All Ltd
Meeri: info@libraryforall.org
URL: libraryforall.org

Te korotaamnei iroun Kimberly Pacheco

Atuun te boki Aia aonnaaba mwatan aontano
Aran te tia korokaraki Wither, Christina
ISBN: 978-1-922844-94-1
SKU02258

Aia aonnaaba mwatan aontano

A kona ni minomino
ao ni kawakawa
taiani mwata.
Bon akea rangaia.

A maamaeka mwaata n te tano.

Bon akea mataia ke taningaia.

6

E kaboonganaa kunna te mwata n ikeike mai iai.

Akea riia taiani mwata.

Iai buraeraeia aika uarereke ao a buokiia ni kawakawa.

A kona ni kawakawa mwaata nako mooa ao nako buuki.

Akea te mwata ae te mwaane ke te aine. A kona ni kaabung taiani mwata ni kabane.

E rangi n tikiraoi nakotaarin te mwata ibukin te oonnaroka.

E kona n ibuobuoki ni kamaiua
te uee ma bukinikai.

A maamaeka mwaata
n taabo nako n
te aonnaaba.

A aki kona ni maeka n taabo aika kamwaitoro n aron Antaatika. E rangi ni mwaitoro aontano ikekei!

Ko kona ni kaboonganai titiraki aikai ni maroorooakina te boki aio ma am utuu, raoraom ao taan reirei.

Teraa ae ko reiakinna man te boki aio?

Kabwarabwaraa te boki aio.
E kaakamanga? E kakamaaku?
E kaunga? E kakaongoraa?

Teraa am namakin i mwiin warekan te boki aio?

Teraa maamaten nanom man te boki aei?

Karina ara burokuraem ni wareware
getlibraryforall.org

Rongorongoia taan ibuobuoki

E mmwammwakuri te Library For All ma taan korokaraki ao taan korotaamnei man aaba aika kakaokoro ibukin kamwaitan karaki aika raraoi ibukiia ataei.

Noora libraryforall.org ibukin rongorongo aika boou i aon ara kataneiai, kainibaaire ibukin karinan karaki ao rongorongo riki tabeua.

Ko kukurei n te boki aei?

Iai ara karaki aika a tia ni baarongaaki aika a kona n rineaki.

Ti mwakuri n ikarekebai ma taan korokaraki, taan kareirei, taan rabakau n te katei, te tautaeka ao ai rabwata aika aki irekereke ma te tautaeka n uarokoa kakukurein te wareware nakoia ataei n taabo ni kabane.

Ko ataia?

E rikirake ara ibuobuoki n te aonnaaba n itera aikai man irakin ana kouru te United Nations ibukin te Sustainable Development.

librarayforall.org